장식론

국립중앙도서관 출판시도서목록(CIP)

장식론 / 지은이: 홍윤숙. -- 양평군 : 시인생각, 2013
  p. ; cm. -- (한국대표명시선 100)

"홍윤숙 연보" 수록
ISBN 978-89-98047-78-8 03810 : ₩6000

한국시[韓國詩]

811.62-KDC5
895.714-DDC21   CIP2013012186

한국대표
명시선
100

홍윤숙

장식론

■ 시인의 말

한
생애
흐르는 물에

이름
석
자

쓰고
쓰다가

2013년 여름
홍 윤 숙

■ 차 례 ─────────── 장식론

서序

1

장식론裝飾論 1   13
장식론裝飾論 2   15
어머니 1 —할미꽃처럼 살으셨네   17
어머니 3 —당신은 오늘   18
타관他關의 햇살 1 —여일麗日   20
타관他關의 햇살 3 —내가 사는 마을   22
이 가을 내가 할 수 있는 일은   24
바다의 언어言語   26
꽃들의 생애生涯   28
주일미사   32
감 —꽃 지는 감나무 밑에서 1   34

한국대표명시선100 홍윤숙

2

백조의 노래   39
지상의 양식糧食 3 —새끼 꼬기   40
사람을 찾습니다   42
급행열차로 1   43
한강 1   44
사는 법 1   45
지난여름 야영은 1   46
무엇이든 물어보세요   48
밤하늘에 별이   50
사는 법 2   52
파리 —놀이 1   53

3

내가 쓰고 싶은 시　57
정신사 —놀이 67　58
풀벌레 소리 —놀이 99　60
그 소식　62
시詩 1　64
세상의 아들　66
사랑의 치명致命　68
꽃의 비밀　70
백발의 그리움 하나　72
주일主日 —놀이 12　74
이 가을에도 —놀이 13　75

4

나의 사전엔 —약력略歷　79

경의선 보통열차 —망향사望鄕詞 1　80

기억의 책갈피에 말린 꽃처럼
　　　　　—망향사望鄕詞 5　81

강아지풀　82

오늘도 일어나 창을 엽니다 —십자가 22　83

내가 떠나는 날은 —십자가 29　84

억새　86

겨울 운문사雲門寺　87

탄생 —목숨 혹은 원죄 1　88

고독 —목숨 혹은 원죄 2　89

달 같은 사람 하나　90

5

창을 닫으며   93
영원으로 가는 길   94
장미를 위하여   97
쓸쓸함을 위하여   98
난이 피던 날   99
과꽃 1   100
길을 걷다가   101
슬퍼하지 마라 곧 밤이 온다   102
빈항아리 1   103
빈항아리 6 —신발   104
여기서부터는   106

홍윤숙 연보   107

1

장식론裝飾論 1

여자가
장식을 하나씩
달아가는 것은
젊음을 하나씩
잃어가는 때문이다.

'씻은 무' 같다든가
'뛰는 생선' 같다든가
(진부한 말이지만)
그렇게 젊은 날은
젊음 하나만도
빛나는 장식이 아니었겠는가
때로 거리를 걷다 보면
쇼윈도에 비치는
내 초라한 모습에
사뭇 놀란다
어디에
그 빛나는 장식들을
잃고 왔을까
이 피에로 같은 생활의 의상은

무엇일까
안개 같은 피곤으로
문을 연다
피하듯 숨어 보는
거리의 꽃집
젊음은 거기에도
만발하여 있고
꽃은 그대로가
눈부신 장식이었다.

꽃을 더듬는
내 흰 손이
물기 없이 마른
한 장의 낙엽처럼 쓸쓸해져
돌아와
몰래
진보라 고운
자수정 반지 하나 끼워
달래어 본다.

장식론裝飾論 2

여자가
장식을 하나씩
달아가는 것은
지닌 꿈을 하나씩
잃어가는 때문이다

꽃이 진 자리의
아쉬움을
손가락 끝으로
가려보는 마음

나뭇잎으로
치부를 가리던
이브의 손길처럼
간절한 것이기에
꽃 대신 장식으로
상실을 메꾸어 보는 것이다

   (누가 10대의 소녀가 팽팽한 손가락에
   한 캐럿 나이아 반지를 끼고 다니던가

그 애들은 그대로가 가득 찬
　　꿈이겠는걸)

잃어버린 사랑이나 우정
작은 별의 꿈들이
여름 풀밭처럼 지나간 자리에
한 장 가랑잎을 떨구는 가을

장식은
그 마지막 계절을 피워보는 향수鄕愁다
파란 비취의
청허한 고독을
배워보는 창窓이다

아니 끝내 버릴 수 없는
나, 여자의
간절한 꿈을 실어 보는
날개다

어머니 1
— 할미꽃처럼 살으셨네

심심산천深深山川
외로운 골짜기에
홀로 앉아 사는
할미꽃처럼 살으셨네
나의 어머닌

달이
앞 강江에
물 먹은 국화 송이처럼
성성한 밤엔
서러운 정 붙일 데 없는
바람처럼 살으셨네
나의 어머닌

지금은 하얗게
사위어 가는
질화로의 재
한 생의 역사가
불 속에 타버렸네
예순다섯 해

어머니 3
— 당신은 오늘

어머니,
당신은 이따금
신기하게 작은 인형이 되고
놀랍도록 가벼운 물체가 되십니다.
그리고 부서질 듯 꺼지는 한 줌의 체중이
무거운 탄환처럼 가슴에 와 박힙니다.
짜고 신산辛酸한 한 생애의 무게가

우리가
흘러온 물의 근원을 잊어버리고
까맣게 한 바다를 헤매 다닐 때
당신은 홀로 남은 산골짝에서
텅텅 속을 태워 버리시고
아무도 모르게 태워 버리시고
이윽고는 남풍에도 부서지는 마른 잎이 되십니다.

아, 저 산山허리를 넘어 가는 노을 같은 뒷모습

오월의 순금빛 햇살을 깔고
소꿉놀이하시듯 반짇고리 뒤적이며

오색의 아롱진 조각보 모으시는
어머니,
당신은 오늘
이상하게 아름다운 소녀가 되고
문득 눈부신 부처님이 되십니다.

어, 머, 니

타관他關의 햇살 1
— 여일麗日

우리의 여름은 길고 뜨거웠다
서향西向한 집은 잠시 불타다 스러질 것이며
선량한 마음들은 어둠을 향해
경건히 성호聖號를 그을 것이다.

오늘 아직은 타관의
낭자한 새소리에 잠이 깨고
드높이 계단을 오르내리고
아이들과 태양을 강으로 보내고
부서진 하루의 문을 여는
유예猶豫된 시간을 우리는 소유한다

균열진 마른 땅에
하얗게 표백한 백색의 일광日光이
외로이 뒹굴고
무게도 없이 일어서는 투명한 과거가
반짝이는 눈물로 사라진다 하더라도

우리의 남은 날을
한 조각구름이 되어 자유로이 흐르다

해바라기 탐스런 꽃잎에 앉아
화려한 웃음소리 햇빛 타는 소리를
잠잠이 듣고
잃어버린 시간의 유실물을 찾아
조용히 꽃잎을 뒤집어 보는
아름다운 시간을 갖지 않았는가

겨울엔 겨울의 태양이 있고
마른 잎엔 대지의 잠이 있다

우리의 타관은 아직 빛나는 햇살 속에 있다

타관他關의 햇살 3
— 내가 사는 마을

내가 사는 마을
낡은 분수 가엔
내 어머니 소싯적 떠돌던
타관이 있다

해바라기 노오란 꽃 울타리
양洋개와집,
언덕,
나비 리본 곱게 단 바람이 있다

이따금 비에 젖은 구름조각이
가만히 유리창을 들여다보는
쓸쓸한 타관 방의 여름이 있고

어디서나 우리 앞을 앞질러 가는
운명의
차가운 발자욱이 있다

지난 이십 년
내가 내 어머니 소싯적 떠돌던

타관의 여름날 구름이었을 때
마을 어귀엔
비애悲哀를 무지개로 녹이던
솜사탕장수도 널려 있었다

지금은 겨울이
퍼렇게 날을 세워
해바라기 꽃울타리, 양洋개와집, 언덕
을 쓰러뜨리고
내가 사는 마을에 이사해 왔지만

나는 아직
그 여름의 소싯적 거리를 떠돌고 있고
눈부시던 타관의 햇살을
기억하고 있다

이 가을 내가 할 수 있는 일은

이 가을
내가 할 수 있는 일은
내가 내 의자에 앉아 있는 일이다.
바람 소리 귀 세워
두어 번 우편함을 들여다보고
텅 빈 병원의 복도를 돌아가듯
잠잠히 내 안으로 돌아가는 일이다.

누군가
나날이 지구를 떡잎으로 말리고
곳곳에 크고 작은 방화放火를 지르고
하얗게 삭은 해의 뼈들을
공지마다 가득히 실어다 버리건만
나는 손가락 하나도 움직이지 못한다.
나뭇잎 한 장도 머무르게 할 수 없다.

내가
이 가을 할 수 있는 일은
내가 내 의자에 앉아
정오의 태양을 작별하고

조용히 하오下午를 기다리는 일이다.
정중히 겨울의 예방禮訪을 맞이하는 일이다.

바다의 언어言語

우리가 한 바다를 지날 때
한 무리의 구름이 되어
바다 위를 떠갈 때

아득히 먼 뱃머리나 갑판 위에서
서로 모를 사람들이
손을 흔든다
더 없이 뜨거운 혈육들처럼
손을 흔든다

흔드는 손을 알고 있다
우리가 어느 날 바다를 떠나올 때
새벽의 여명黎明이나 낙양落陽의 노을을
뒤에 두고 올 때
기억과 미래도 남몰래 뭍에 내려놓고 온 것을

내일 없는 바다에
우리가 모두
뿌리 없이 흘러가는 물결이며
시시로 부서져 가는 포말임을
서로 아는 것이다

잠시 스쳐가는 이 세상의 만남과
흘러가는 의미를
흔드는 두 손에 담아보는 것이다
흔드는 두 손에 확인하는 것이다

바다에선 누구도
그 밖의 말을 알지 못한다
손을 흔드는,
손을 흔드는,
그 유순한 순명順命
그 밖의 어떤 이 세상 말도
바다는 잠잠히 지워버린다

꽃들의 생애生涯

　　1

바람이 종일
산 하나를 헐어내고 있다
쉬엄쉬엄
숲을 찍어내고 있다

여기저기 단명短命한 꽃들이
아름다운 소문을 피워놓고
돌아오지 않는 아침 이야기를
꽃피우고 있다

아직은 이별을 모르는
행복한 눈매들이 웃고 있다

이제 곧 종이 울리고
커다란 손이
그들의 눈을 감길 것이다

　　2

아무도 그 손의 임자를
본 적이 없다

아침에 분홍빛 장미를
축복 속에 피워놓고
저녁에 지체 없이 걷어 가는 손

꽃들은 이유 없이 태어나
유예 없이 간다

눈물도 사치한 모일暮日이 오고
순명順命의 아픈 지혜
가시로 꽂히는 저녁

더러 맑은 혼魂들이 무리를 빠져나와
차디찬 이슬로 맺히기도 하지만
이내 작은 바람을 놓아
허실虛實의 꿈을 일깨운다
참 이상한 손
손이 임자다

3
노을이 저녁 뜰에
새빨간 유서를 뿌리고 돌아간다

꽃들이 아름다운 최후를 진술陳述하고
두꺼운 책장을 하나씩 닫는다

뜰은 남은 이야기를 지우며
커다란 손으로 묵화墨畵를 친다

혼자 사는 사람의
정결한 눈매로 묵화를 친다

슬프지도 않은 비극이
날마다 반복되고

살아남은 꽃들이
무서움도 없이 어둠 속에 웃는다

누가 저 어둠 뒤에 숨어
꽃들의 희망을 흙으로 덮고

다시 하얗게 바랜 새벽의 시체를
널고 있는가

참담한 것은
아무도 그 손의 집행을
의구疑懼하지 않는 일이다

아침이면 말갛게
꽃들의 죽음을 잊어버리는 일이다

주일미사

거기만 동그랗게
해가 들고 있었다

생목生木 울타리 늘어선 사이사이
빨간 들장미도 피어 있었다

바람은 울타리 밖에
파수를 서고

구름은 한 발자국 비켜서
돌아갔다

한 층 높은 빛 속에서
눈부신 사나이가 금빛 목소리로 호령하고 있었다

어둠 속에서 뽑힌 사람들이 줄지어 걸어나와
순결한 얼굴로 무릎 꿇었다

그러면 갑자기 거기만 동그랗게 불이 켜지고
그 밖은 캄캄한 어둠으로 변했다

빛이 도려내는
차가운 가위질

나는 어둠 속에 혼자 남아
문득 두터운 빛의 유리벽을 보았다

감
― 꽃 지는 감나무 밑에서 1

감꽃 지는
감나무 밑에서
지는 감꽃을 바라보노라면
어디선가 시나브로 해 지는 소리 들려
을지로 퇴계로 한남동 고개에서
한강 서강 샛강 건너에서
지는 해 댕댕댕 우는 소리가 들려
가슴에 새 한 마리
덩달아 부엉부엉 우는 소리가 들려
감꽃 지는
감나무 밑에서
지는 감꽃을 보노라면
시방에서 뚝뚝뚝 해 지는 소리 들려
이 근래 나의 귀는
지는 소리만 들려
눈감고 지는 소리 듣고 있노라면
무척 아름다운 세상 하나가
쟁쟁쟁 피리 불며 떠나는 소리 들려
감꽃 지는
감나무 밑에서

지는 감꽃을 바라보노라면
이 나라 사람들이 모두
보슬보슬 빗발 되어
저 먼 나라로 떠나는 소리 들려

2

백조의 노래

모리스 마테를링크의 <파랑새> 이야기를 아시는지요.
그것을 찾으면 모든 것을 볼 수 있고 모든 것을 알 수 있는 행복의 새 그 파랑새를 찾으러 떠난 치르치르와 미치르의 이야기를 아시는지요. 나도 느지막이 스무 살이 넘어서야 파랑새 아닌 백조 한 마리를 어느 봄날 들에서 안고 돌아왔었습니다. 그로부터 오늘까지 그 새 한 마리 키우기 위해 청춘과 중년을 죄다 바치고 은발이 희끗한 나이가 되었어요.
백조는 때로 깜짝 놀라게 아름다운 노래로 나를 미치게도 했지만 대개는 죽지 한 번 제대로 펴는 일도 없이 죽은 듯 둥우리에 누워 살지요. 그리고 이슬과 달빛과 꽃망울 같은 이 세상 먹이 아닌 먹이만을 찾습니다. 나는 그 새 사육하기 너무 힘들어 몇 번인가 짐스러운 그것을 내다 버리자 버리고 자유로운 날개가 되자 결심했지만 그때마다 내 결심 봄눈에 봄볕에 눈 녹듯이 무너지는 것은 단지 울지 않는 백조의 노래를 기다림이 아닙니다.
어느새 백조의 날개 백조의 뼈가 내 살 구석구석 옹이처럼 박혀 단단한 집이 되고 뿌리가 되어 이 세상 끝 날까지 풀리지 않을 멍이 되어 버린 때문입니다.
이제 백조는 나의 바다 나의 섬
죽음으로 이르는 골수의 병입니다.

지상의 양식糧食 3
― 새끼 꼬기

새끼를 꼽니다
춥고 긴 겨울밤에 새끼를 꼽니다
깜박이는 지상 도보로 한 생애
눈길도 막힌 밤에 새끼를 꼽니다
열 발 스무 발 꼬아서 버릴
쓰일 데 없는 무위의 노동
이 세상 미망의 새끼를 꼽니다
그것은 살아있는 날의 고단한 의식儀式
아침을 위한 약속입니다
내가 할 수 있는 일은 오직 그 하나
석 달 열흘 앓고 난 이의
허약한 백수白手로 새끼를 꼬는 일
살아 있음의 날 빛 푸른 칼날에
가슴 베이며
날마다 한 매디씩 죽어가는 일
죽어서 반짝이는 은발의 이마나 지켜보는 일
달이 지는 뜰이나 지켜보는 일
깜박이는 지상 도보로 한 생애
영혼을 방목한 집 없는 이가
춥고 긴 겨울밤 새끼를 꼬는

제 발목 제가 묶는 새끼를 꼬는
그것은 살아 있음의 거룩한 의식
아침을 위한 약속입니다

사람을 찾습니다

사람을 찾습니다
나이는 스무 살
키는 중키
아직 태어난 그대로의
분홍빛 무릎과 사슴의 눈
둥근 가슴 한 아름 진달래빛 사랑
해 한 소쿠리 머리에 이고
어느 날 말없이 집을 나갔습니다
그리고 삼십 년 안개 속에 묘연
누구 보신 적 없습니까
이런 철부지
어쩌면 지금쯤 빈 소쿠리에
백발과 회한 이고
낯설은 거리 어스름 장터께를
헤매다 지쳐 잠들었을지도
연락바랍니다 다음 주소로
사서함 추억국 미아보호소
현상금은
남은 생애 전부를 걸겠습니다

급행열차로 1

급행열차로 서둘러 달려온
서쪽 베타니아 마을에선
때마침 짧은 겨울 해가 지고 있었다
낯선 술집과 어둠이 줄지어 선 땅엔
올리브나무도 작은 나귀도 보이지 않고
무수히 지나온 간이역
내릴 수 없었던 미지의 땅에
점점이 피어 있던 해바라기 달리아
그 원색의 빛깔들만 등뒤에 선연했다

급행열차로 서둘러 달려와도
그 마을의 일몰엔 변함이 없었다
다만 천천히 걸어온 이보다
쓸쓸한 일몰의 시간이 좀 길 뿐이었다

한강 1

친구여 보이는가
우리 잠속에 지금도 출렁이는 유년의 강
광나루 뚝섬 미루나루길
봉은사 가는 한낮의 나룻배
도라지꽃, 보랏빛 도라지꽃 무더기로 쏟아지던
마포 앞강의 저녁 어스름
우리들 어린 날 기억의 계단에
무성영화처럼 돌아가고 있는
천연색 사진들 사진 속에 찍힌
진보랏빛 유년의 발자국들 보이는가
그 시절 강은 길고 보드라운 잔물결로
내 곤한 잠속에 숨어들어와
어린 날개 연꽃처럼 적시며
칠석날 연등놀이 인도교 밑을 흘러갔다
수만 장 깨어져 반짝이는 유리 조각에
수만 개 불을 띄워
어디론가 끝없이 흘러갔다
우리들 잠속을 흘러갔다.

사는 법 1

잠자는 법 눈뜨는 법
걸음 걷는 법
하루에 열두 번도 하늘 보는 법
이를 빼고 솜 한 뭉치 틀어막는 법
한 근씩 살 내리며 앓는 법 배워요
눈물로 소금으로 손바닥 절이며
열 손가락 손톱마다 동침 꽂고 손 흔드는
이별법도 배워요
입술 꼭꼭 깨물며 눈으론 웃고
목구멍 치미는 악 삼키는 법 배워요
가슴 터져나도 천리 긴 강물 붕대로 감고
하루에 열두 번씩 죽는 법 배워요

지난여름 야영은 1

하느님

지난 여름 야영은
아름다웠습니다

이슬에 젖은 백색 셔츠는
초록빛 풀물로 함빡 물들고

군데군데 패랭이꽃 부끄러운
진분홍 꽃물도 몰래 들이고

해가 뜨고 지는 몇 개의 언덕을
무엇인가 노래하며 넘었습니다.

넘어져 깨진 무릎의 피
꽃처럼 말려 배낭에 넣고

때 묻은 오늘 열심히 빨아
풀도 먹이고

비탈진 길
지구의 사면斜面에 비가 내려

우리의 야영은
늘 어딘가 한 구석이 젖었습니다

무엇이든 물어보세요

'무엇이든 물어보세요'
입시 졸업 취직 결혼 출산과 육아
태어나서 죽기까지
당신의 일생을 물어보세요
이른 아침 여덟 시 오십 분 TV프로에선
고명하신 박사님들 목에 힘주고
무엇이든 물어보라 대기하고 계십니다

'무엇이든 고칩니다'
부러진 우산대 구두 뒤축
전기밥솥 수도꼭지 막힌 하수구
세상살이 연장기구 무엇이든
신체발부 수지부모한
작은 눈 낮은 코, 백발과 주름
고장 난 심장도 뜯어고치고
망가진 세월 구멍 난 가슴도
하느님 손보아 수리해 주시고
세상만사 얽히고 녹슨 나사
몽땅 갈아 끼워 원상복구하는
만사형통의 시대가 도래하고 있습니다

뱀탕 개소주 사슴의 생피
새 시대 새 나라의 강장 드링크도 개발되고
현미 율무 케일 알로에 영지버섯
진시황의 불로초도
초대형 비닐하우스에서 무럭무럭 자라고 있는
보세요 이제 인간의 꿈은 미구에 품절되고 바닥이 나버릴
더는 그려볼 꽃도 없는 포만의 대지
포식의 오수午睡
그늘 한 뼘 없는 정오의 목마름을
자명한 대낮의 빛의 절망을
하늘을 찌를 시날의 바벨탑을

밤하늘에 별이

밤하늘에 별이 아직 뜨는지
아직도 밤하늘의 별을 누가 보는지
밤하늘의 별을 노래하던 시절이 언제였는지

이 거리의 아버지와 아들은
별이 없는 추억의 무정부 지대에서
다투어 줄타기 뜀뛰기 높이뛰기를 하고
순리대로 뛰어도 소용없는 뜀질에 발등 찍다가
별수 없이 돌아앉아
묵은 잔에 새 술이나 부어 마시며
이 시대 어둠의 깊이에 무릎 꿇는다

큰 키는 작게
작은 키는 크게
줄이고 늘이는 곡마단 놀이에
한 사발씩 초를 켜고
굳은 관절 노글노글 뼈를 삭이며
연속하는 악몽에 식은땀 흘리며
보이지 않는 곳을 향해
수없이 시간을 물어보지만

우리들의 시간을 아는 이 없고
날이 샐 기미도 보이지 않는다

긴 밤 단단한 돌침대에 나를 다독이는 건
그 옛날 꾸다 남은 꿈 몇 조각
그나마 바다의 섬처럼 가물거리는
오늘도 밤하늘에 별이 뜨는지
그 별을 지금도 누가 보는지
그 별을 노래하던 시절이 언제였던지

사는 법 2

날지 못할 날개는 떼어버려요
지지 못할 십자가는 벗어놓아요
오 척 단신 분수도 모르는 양심에 치여
돌아서는 자리마다 비틀거리는
무거운 짐수레 죄다 비우고
손 털고 돌아서는 빌라도로 살아요
상처의 암실엔 침묵의 쇠 채우고
죽지 못할 유서는 쓰지 말아요
한 사발의 목숨 위해
날마다 일심으로 늙기만 해요
형제여 지금은 다친 발 동여매고
살얼음 건너야 할 겨울 진군
되도록 몸은 작게 숨만 쉬어요
바람 불면 들풀처럼 낮게 누워요
아, 그리고 혼만 깨어 혼만 깨어
이 겨울 도강渡江을 해요

파리
  — 놀이 1

나는 고작
네 앞에서나
주먹을 휘두른다
폭군이 된다
하느님이 된다
바보가 된다
이불 쓰고 활개 치는
독불장군
외로운 놀이다
나의 놀이는
긴 여름날
파리를 쫓기에
날을 지샜다

3

내가 쓰고 싶은 시

머리 꼿꼿이 세우고 세상과 맞서는
은장도 서슬 푸른 시절은 이미 지났다
이제부터는 연푸른 잎사귀에
이슬 맺혀 잠시 반짝이고 촉촉이 젖어
아득히 먼 곳에 그리움 전하는
연보랏빛 가을 들국화 같은
작고 애틋하고 따뜻한 시 쓰고 싶다
돌아서서 하늘하늘 가는 모가지 부러질 듯 흔들리며
하늘 향해 고백하는
그런 시를 쓰고 싶다 남은 시간은……
그럼에도 내 말은 너무 오염되고 메마르고
상처로 굳어져 어쩌다 쓰는 시엔
늘 어딘가 피 한 방울 묻어 있다

정신사
— 놀이 67

그처럼 오랫동안 먼 길을 걸어왔다
칭얼대며 따라오는 어린아이 같은
혼 하나 데리고
생활의 호소湖沼 지대
가시 엉겅퀴 뒤엉킨 잡초지를 돌아
불에 달군 자갈밭을 콩알처럼 튀며
많은 날을 비에 젖어 낯선 집 추녀 밑에 밤을 새웠다
불 밝은 창의 따스한 평안을 열망했지만
어디서나 그는 '단 한 사람의 타향 사람이었다'

언제나 황혼의 향수 구토처럼 치미는
타관의 거리에서
돌아가 불 밝힐 안식의 창 하나 찾지 못하는
영원히 방황하는 '화란인'
들리는 것은 아득히 먼 곳에서 부르는
환청의 쓸쓸한 메아리뿐이었다

눈 감으면
붉은 볼, 초롱한 꿈으로 채색한
낙원의 어린 시절 가물거리고

가야 할 길은 안개 속이다
끝없이 어디선가 나뭇잎 지는 소리
들리는 밤

풀벌레 소리
　　— 놀이 99

나는 유행가를 좋아한다
유행가의 '근사한' 가사를 좋아한다
"이른 아침에 잠에서 깨어
너를 바라볼 수 있다면" 하고 부르는
김종환의 〈사랑을 위하여〉를 좋아하고
"너 없이 백년을 사느니
너와 함께 하루를 살겠노라"고 쥐어짜는
〈존재의 이유〉에 감탄한다
내가 쓴 한 편의 시가 유행가 가사만도
못하게 느껴지는 날
쓰던 원고 찢어 버리고
거리를 헤매다 공원으로 간다
공원의 작은 숲에선
쏟아지는 여름 풀벌레 소리 낭자하다
아무리 들어도 결코 음악이 될 수 없는
노래가 될 수 없는
다만 제멋에 겨워 소리소리 지르는
풀벌레 소리가 눈치 보지 마라 주눅 들지 마라
그저 살아라 살아라 악을 쓰며 울어댄다
악을 쓰며 울어대는 풀벌레 소리가

저토록 아름다운데
결코 음악이 될 수 없는 미물의 소리가
저리도 아름다운데
내 마음 위로받고 돌아온다

그 소식

그날 아침 까치 한 마리
파란 사철나무 가지에서
유난히 싱그럽고 시끄럽게 우짖고
요란스레 새벽 창 흔드는 바람 소리 들리더니
그 소식 싱그러운 풋사과 향기처럼 날아왔다
아침 햇살에 수줍게 꽃내음 풍기며
목이 타게 기다리던 그 소식에선
첫 무대 개막하는 징 소리 울리고
먼 바다 출항하는 고동 소리 들렸다
지구를 돌아오는 아침 해의
진분홍빛 꽃노을 온몸에 묻히고
돌아온 소식엔
힌 시대 흔드는 젊은 바람 서슬지고
어둠을 가르며 푸른 깃발 펄럭였다
이제 너희 길 무지개로 열렸으니
그 길로 가면 된다 달리기만 하면 된다
날마다 가슴 죄며 기다리고 빌며
문밖에 서 있던 나도
그만 안으로 들어가
시린 발 녹여야겠다

싱그럽고 시끄럽게 우짖는
까치 한 마리 날아가는 저
겨울 숲 바라보며……

시詩 1

사는 일도 죽는 일도 내 뜻이 아닌
보이지 않는 절대자의 힘에 의해
살려지고 죽어가는 황폐한 지상의 돌밭에서
날마다 부질없는 노고의 집 짓느라
땀 흘리며
보이지 않는 무지개 쫓아
나만의 장미 한 송이 찾기 위해
지칠 줄 모르고 걷고 걸어 밤을 지새우던
무한세월 목말랐던 그 무상한
시는 나에게 무엇일까
오늘 나를 이 자리에 서 있게 하고
쓰러지면서도 다시 일어서 걷게 하는
내 살 속의 뼈 뼛속의 골수

발밑에 어둠 다가오고
생의 멀고 아득한 길도 끝나는 시간
꿈이란 허망, 희망이란 짐 염치없어
모두 내려놓고
이제 가벼운 날개 되기 위해
날마다 허물벗기에 마음 다지고 다지면서도

아직 못 다 버린 배냇병
슬픈 시 하나 내 목을 조여
살이 내린다

세상의 아들

세상의 아들
아들들 바라보면
눈물이 난다
그 어깨에 지워진
한없이 무거운 국방의 의무
나라 겨레 사회 가족
살아있는 날의
죽을 수도 없는 책임
허리 휘는 한생의 외로운 멍에
아무도 위로할 수 없는
위로받지 못하는
쓸쓸한 일생의 청춘도 중년도
허공에 묻고 가야 하는
세상의 아들
바람과 초원의 몽골 같은
유목민 같은 그 광활한
천지의 눈송이 휘날리는
지상의 벽지에
오늘도 두 발 흔들리며
건너가는 여윈 어깨

네 가슴 텅 빈 사막에
우리 희망이 누워 있다

기어이 그 사막
눈보라 속
길고 빛부신 길 내고자
다리 놓고자
저 하늘 바람 소리 윙윙거리는
하늘 끝 보람찬 날 열리리라
우리 기쁨의 날
희고 망망한
날과 날들이

사랑의 치명致命

믿음 희망 사랑
향주 삼덕을 향해
누군지 무언지도 모를 대상을 찾아
사랑 연민으로 들끓는 마음 안고
날마다 먼 길 가신다는 어느 신부님
내게는 그 믿음 너무 가까이
봄들의 자운영 꽃밭처럼
분명하게 보여, 보여도
두 손에 잡히지 않아
가슴앓이 목마름
그만 저만치 외면하고 돌아서서
눈길 거두고 목소리 낮추고
내 앞 성큼 한달음에 지나가 버렸으면
뒷모습 자욱한 안개꽃같이
……
이제 눈감고 조용히 잠들고 싶어
그럼에도 감은 눈 사이로 바람결 사이로
언뜻언뜻 비쳐드는 치사량의
빛 한 타래
마침내 그 진한 빛의 독에

폭삭 말라 죽고야 말
이 늦은 날의 서러운
말[詩] 한마디

꽃의 비밀

매화꽃 지고
산수유 지고 나니 사월이 오고
온 마을 바글바글 꽃이 피기 시작한다
진달래 개나리 백목련 자목련 벚꽃 살구꽃
키 낮은 앵두나무 찔레 황매 복사꽃 정향목
이팝나무 조팝나무 나무란 나무들 난리난 듯
자고나면 팔짝팔짝 북을 치고 차일을 친다

왜 모든 꽃들은 한 시절 한꺼번에
아우성치듯 피어나는가
무엇이 저 단단하고 흉측한 껍질 속에 숨어
날마다 아롱다롱 요술같이
꽃을 빚어내는가
나는 그 나무 속의 비밀이 알고 싶어
단단한 살가죽 헤집고
나무 속을 몰래 들여다보았다
그리고 놀랐다
그 속이 어찌 그리 휑하니 비어 있는지
비어서 바람 휭휭 부는 벌판인지
마치 헛간처럼 비어서

바람 불고 있는 내 속과 같아
눈을 감았다

그래, 아름다운 것은
제 속에 일만 근의 고통을
차곡차곡 숨겨두는가보다

백발의 그리움 하나

어디서 불어오던 바람 소리일까
한 시대 에둘러 돌아와 후득이던
고향의 예감 같던 바람 소리

한 시절 바람은 나의 내부에서 일어났다
아니 내 몸 전체가 온통 한 포대의 바람이었다
나는 날마다 들끓는 바람이 되어
세상의 끝을 헤매다녔고
돌아오는 길은 고향 뒷산 밤나무 숲의
밤꽃 향기에 목이 메었다
그 시절 바람은 열이면 열 눈먼 장님이어서
분수처럼 산화하고 자폭했다

어디를 가도 꿈꾸던 나라, 도시는 없었다
인생을 나눌 사람 하나 없이
쓸쓸히 눈감고 돌아서는 뒷모습
그 등에 붉은 저녁노을 실의의 그림자
길게 멀어져 가고
젊고 푸르던 바람은 그렇게 이별했다

그 바람 언제부턴가
살 속 뼛속으로 파고드는 하늬바람 되어
내 가슴 시리게 후비고
밤새 눈뜨고 먼 하늘 중천에 길도 없이 떠돌고
한 주름 빗방울로 운명해 갔다 남은 생애.
이제 바람 한 점 없는 아득한 변경
어디로 갈까 길을 물어도
대답 없는 내 안의 산골짝에서
가랑잎 한 장 부서지는 소리로
귀를 씻는다
섬으로 쌓인 세월의 부피 키를 넘어 숨이 차고
가야 할 길은 보이지 않아
가슴엔 길로 자란 백발의 그리움 하나
출구 없는 빈집 혼자 지킨다

주일主日
— 놀이 12

봄이 오니
하느님도 사람의 마을이 그리워서
운동장 빈 터 물웅덩이에
한 조각하늘로 슬며시 내려와 누웠습니다
들여다보니 낯선 사람의 얼굴이 하나
그 속에서 덤덤히 나를 쳐다보고 있습니다
어디선가 많이 본 듯한 얼굴인데
생각이 나지 않는, 그저 쓸쓸한 얼굴입니다

아무도 없는 국민학교 울타리엔
개나리꽃 혼자 자지러지고
언덕 위의 성당에선
아이들의 노랫소리
 간간이
폭죽처럼 터지고 있습니다

내 마음도 오늘은 공일
텅 빈 국민학교 운동장입니다.

이 가을에도
— 놀이 13

떠나보아야 비로소 보이는
그 창의 불빛
가을엔 언덕 위의 십자가도 크게 보이고
사랑도 홍옥처럼 가슴에 와 열린다
플라타너스 굵은 잎새들 빗발치는 길을
등불 등지고 그림자 밟으며 돌아가야지
돌아가 키 낮추고 발소리 낮추고
가장 순한 가슴 하나로 내 고향 그리운
아파트 13층 캐비닛 철문 열고
앉고 서고 엎드린 추억의 따뜻한 손
잡으러, 길 잃은 양떼 불러 모으나
끝내 돌아오지 않는 양 한 마리
끝닿는 날까지 떠돌아야 할
지상의 형벌을 앓고 있느니
먼 벌판 어디선가 이 가을에도

4

나의 사전엔
— 약력略歷

기다리는 것은 오지 않았다
꿈꾸는 것은 뒷모습뿐이었다
나의 사전엔
그럼에도 기다리고 꿈꾸는 일만이
지상의 숙제, 살아가는 의미라고
사람들은 다투어 뿔뿔이 길을 떠났다
청솔가지 한 짐씩 가슴에 분지르며
온밤 식은땀 흘리며
자라지 않는 꿈 가위눌리며
무거운 등짐 지고 넘어간 산을
가서 다시는 돌아오지 않았다
돌아올 길은 처음부터 없었다
이윽고 빈집에 백발이 되어버린
기다림 혼자
창가에 먼지 쓰고 늙어갔다
끝내 기다리는 것은 오시 않았고
꿈꾸는 것은 뒷모습뿐이었다
나의 사전엔

경의선 보통열차
— 망향사望鄕詞 1

경의선 보통열차 3등객실
후미진 구석엔
남도 어디서 흘러오는 실향민인가
남부여대 초라한 행색의 조선인들
올망졸망 등에 혹들 업고 지고
괴나리봇짐에 바가지짝 꿰매달은
여덟 새 무명 동저고리바람의
누렇게 부황 든 남정네와 그 아낙
불 꺼진 남포등 같은 캄캄한 얼굴에 패인
가난의 길고 긴 골짜기 뛰어넘으려
만주 북간도 어디론가 간다고 하던
길 잃은 조선의 반달들
꽁보리밥 고추장에
입술이 벌겋게 부르튼 아이들은
슬픈 유산의 공복을 달래고
일인 게다 끝에 무심히 채이는
수모와 치욕의 바가지짝들은
설움에 길든 식민지의 비명을 잠잠히 삼키며
임자 없는 산야의 해골처럼 굴렀다
지금도 뇌리에 찍혀 바래지 않는
천연색 필름 몇 장

기억의 책갈피에 말린 꽃처럼
― 망향사望鄕詞 5

옛날신선도의신선같은백발의참봉영감님댁은손이귀했다
○사십이넘은양아들이 딸하나낳고세상떠나니창화는참봉영
감님댁무남외동손녀금지옥엽이었다○서울보성전문학생약
혼자와는서로사진만본사이○백통쌍반다지에청홍색모범단
원앙금침 차곡차곡쌓아놓고시집갈날만기다렸다○기다리며
늘발갛게젖은눈하염없는눈매를짓곤하였다○솟을대문지나
중문지나안문거쳐내당깊숙이해묵은오동나무그늘지는뒷뜰
영창앞에사시절그림처럼앉아있던창화○한겨울매화나무에
얼어붙은꽃봉오리까실한눈보다더춥던입매○지금도내기억의
책갈피에말린꽃처럼꽂혀서울고있다ㅇㅜㄹㄱㅗㅇㅣㅆㄷㅏ

강아지풀

나는 할머니의 '새끼' 이고 '강아지' 였다
밤마다 잘 자라고
등을 긁어주시던 할머니 손은
한 다발의 까실하고 보드라운 강아지풀이었다
돌아가신 할머니는
강아지풀 우거진 산으로 가시고 그로부터
자욱하게 흐드러진 강아지풀 밭에 서면
오요오요 부르던 어린 날의 할머니 목소리 들려온다
그 목소리 옛날의 나를 불러주던
낙원의 소리임을 이제 알겠지만
소리의 임자 간 곳 없고
그날의 빈자리 혼자서 돌아가는
쇠락한 일몰의 귀로에서
온몸 따가운 가시에 찔리고 있다

추억이 그처럼 아픈 가시임을
몰랐었다

오늘도 일어나 창을 엽니다
― 십자가 22

오늘도 일어나 창을 엽니다
간밤 비에 씻긴 뜰 여기저기서
겨우내 캄캄하게 잠들었던 나무들이
부스스 잠 깨어 세수하고 나와서 하늘을 봅니다
아, 겨울이 가고 봄이 오누나
가지마다 봉긋봉긋 창을 열고 내다보는
해맑은 눈망울들
대나무 숲에 숨은 바람도
솜털 보시시 일어선 예닐곱 살 어린이의
숨결처럼 맑습니다
드보르자크의 신세계 한 소절 흐르는 아침
세상은 눈부시고 마음도 비에 씻긴
초원이 되고……
벽에 걸린 십자가에 어리는 아침 햇살
오늘도 당신이 내 삶에
따스한 햇솜 두어 안 빈쳐주시니
어여쁜 꽃밭 하나 일구어 가렵니다

내가 떠나는 날은
— 십자가 29

내가 지상을 마지막 떠나는 날은
꽃 피는 춘삼월 어느 아침이거나
만산홍엽으로 불타오르는
노을 속 해지는 가을 저녁 무렵이면 좋겠다
머리맡에 사랑하는 가족들 둘러앉고
부엌에선 한 생애 손때 묻은 놋 주전자
달달달 물 끓는 소리 들리고
그레고리안 성가 한 소절 잔잔히 흐르는
향불 사이사이
슬로비디오로 돌아가는 한 생애 필름
간간이 끊어지는 흰 벽지 위
벽지 위의 예수님 고상 바라보며
스르르 문풍지에 바람 자듯 잠들면 좋겠다.
마지막 순간까지 묵주알 손에 쥐고
성모송 외우다 창호지에 저녁 햇살 지워지듯
그렇게 고요히 지워지면 좋겠다.
예수님이 보내신 천사의 손을 잡고
어둡고 긴 묘지의 터널을 지나
먼 산과 들을 건너 먼저 간 이들 기다리는
천국의 문으로 들어가면 좋겠다

세상의 덧없는 이름 허물처럼 벗어 놓고
살아서 무거운 빚 죽음으로 청산하면
새로 떠날 영원의 나그네길 가벼우리라
그 길 함께 동행하실 분도 계시니
낯선 길도 무섭지 않고
머지않아 떠날 천국의 아침을 준비하기 위해
오늘도 나의 지상의 삶은 분주하다.

억새

마른 억새풀 자욱한 들판

하늘 구름밭

고성능 미사일 폭격기로도

폭파할 수 없는

저 세계의 무한 적막

겨울 운문사雲門寺

겨울 운문사에 갔더니
단청도 화려한 대웅전 새 법당에
부처님은 아니 계시고
법당 앞뜰에 4백 년쯤 묵은 소나무 한 그루
네 활개 쫙 펴고
엎드려 허덕허덕 백팔번뇌 견디느라
늘어진 가지마다 깁스하고 그 옆에
아직 어린 목련나무 한 그루
뽀얗게 물올라
가지마다 봉실봉실 꽃망울 빚어놓고
금시라도 터질 듯 기다리고 있었다
문득 소나무 목련나무 가지 사이로
금빛 햇살 온몸에 치덕치덕 바른
부처님이 숨어서 한쪽 눈 찡긋 감고 웃고 계셨다
"주지승이 찾거든 모른다고 해, 해, 해. 해"
장난스레 웃으며 청솔가지 북 지니
햇살이 와르르 쏟아졌다

탄생
― 목숨 혹은 원죄 1

어머니 왜 나를 낳으셨는지
묻지 않으리라
나라도 부모도 가문도
제 얼굴, 머리털 하나도 선택할 수 없는
내 의지 밖의 탄생
그저 주어진 별 아래
쇠비름 씨 한 톨 날아와
박토에 뿌리박고
한 시절 그렁저렁 잎이며 꽃 피우고
열매 맺는 시늉하다 사라지듯이
까닭모를 인연의
내 어머니 탯줄 끊고 태어나
서러워 울던 고고의 첫 울음
축복이라고……?
그러나 누가 알았으리
그 작은 핏덩이에
그리도 크고 무거운
운명의 멍에 지워져 있음을
죽기까지 지고 갈 고락과 영욕
태어남이 그대로 원죄인 것을
이제 알겠다

고독
— 목숨 혹은 원죄 2

차고 투명한 것이
눈발처럼 가볍고 잡히지 않는 것이
내 안에 들어와 살며시 가슴 하나
안개로 피어나고
겹겹이 어둠으로 나를 에워싼다
춥고 쓸쓸한 지하의 밀실로 끌어들이고
황량한 광야에 홀로 서 있게 한다
포수에 잡힌 사슴처럼 유순히
가는 모가지 늘어뜨리고
보이지 않는 올가미에 몸을 맡긴다
서서히 깊은 나락으로 가라앉는다
바닥 모를 수렁
가끔 예수라는 사나이의
캄캄한 뒷모습을 엿보기도 하지만

눈물 나게 안타까운 것은
그 무색투명한 거대한 그물이
왜 까닭 없이 나를 포획하고
끝내 놓지 않는지
알 수 없는 일이다

달 같은 사람 하나

달 같은 사람 하나 어디 없을까
보름달 아닌 반달이거나 초승달 같은
어스름 달빛처럼 가슴에 스며오고
흐르는 냇물같이 맴돌아가는
있는 듯 없는 듯 맑은 기운 은은하게
월계수 향기로 다가왔다가
그윽한 눈길 남기고 돌아가는
큰소리로 웃지 않고
잔잔한 미소로 답하고
늘 손이 시려 만나도 선뜻
손 내밀지 못하는
그럼에도 항상 가슴에
따뜻한 햇살 한 아름 안고 있는
그런 사람 세상 끝에라도
찾아가 만나고 싶다

5

창을 닫으며

어스름 저녁이
먼 길 걸어 문 앞에 돌아오면
천천히 일어나 창을 닫는다
"수고했구나 어서 와 쉬거라"
어둠의 손을 잡고 창문을 닫으며
내 마음도 닫는다
온 천지 떠돌던 세상을 뒤에 두고
소연하던 거리와 불빛도 모두 버려두고
비어 있던 내 마음의 집으로 돌아와
먼저 와 기다리던 어둠과 마주 앉아 손을 잡는다
이럴 때 침묵은 아름다운 눈짓이 되어
하루 해의 일월이 지워져 버렸음을 잠잠히 확인한다
목숨의 부피가 한 꺼풀 얇아지는 소리
가랑잎 지는 소리 가슴에 울리고
그 소리 맑은 선율 되어 혼을 씻는다
한 생애 텅 빈 석박의 고싱古城 고독,
나를 지켜온 단 하나의 친구 변함없는
고독의 영토는 하늘만큼 넓고 우람하다
나는 그 가슴에 기대어 눈을 감으면 된다

영원으로 가는 길

   1

짐작도 못했었다
스무 해 전 어머니 가신 길이
이리도 험한 길인 것을
날마다 뼈 몇 조각씩 부서지고
살 찢어지는 이름도 모를 병
가슴이 얇은 유리창 되어
까닭 모를 팔매질에
산산이 깨져 가루가 되는
이 길을 어머니 혼자서
돌처럼 견디시다 떠나신 것을
이제 어머니 가신 그 나이가 되어
그 길을 별 수 없이 따라가고 있는
이렇게 힘들고 눈물 나는 길임을
짐작도 못했었다

   2

이름만 들었고 모습은 보지 못한
어머니 가신 그곳에도 나라가 있고

고을과 마을이 있을까
봄이면 산수유 피고 때 오면 달개비 망초꽃도 어우러질까
달뜨는 밤 초가지붕 위
박꽃 하얗게 피어나는 마을도 있을까
반딧불이 하나 없는 광막한 허궁
억겁을 침묵으로 다져진
영원이란 이름의 허궁에서
수수 천억만의 혼령들이
오지 않는 부활의 꿈을 안고 무엇을 할까
영겁을 떠돌아다니는 혼령들은
하늘, 바다, 땅, 흙, 물, 해와 달, 별, 안개
구름, 이슬, 바람, 눈, 비
그것들을 말함일까
하면 지금 내 어머니는 창변에 부는 바람일까
풀잎에 맺힌 이슬일까
어디를 보아도 어머니는 안 계시고
다시 보면 모든 것이 어머니 같은
영원이란 이름의 허궁
아득하고 아득하여
내가 갈 길이 보이지 않는다

어느 날 어머니 오시어 손잡아 주시기를
염원할 뿐

장미를 위하여

단 한마디
꽃 중의 꽃 장미라고 불렀을 때
다른 어떤 말도 보태지 않고
그 이름 불렀을 때
그는 다소곳이 꽃잎 갈피갈피 감춘
혼의 향기를
말없이 우리에게 안겨 준다
한 다발의 장미 그 혼의 향기를
가슴에 품고 돌아오는 길은
길고 긴 역사의 산정이
우러러 보인다

쓸쓸함을 위하여

어떤 시인은 바퀴를 보면 굴리고 싶다 하고
어떤 화가는 평면을 보면 모두 일으켜 세워
그 속을 걸어 다니고 싶다고 한다
나는 쓸모없이 널려있는 낡은 널빤지를 보면
모두 일으켜 세워 이리저리 얽어서 집을 짓고 싶어진다
서까래를 얹고 지붕도 세우고 문도 짜 달고
그렇게 집을 지어 무엇에 쓸 것인진 나도 모른다
다만 이 세상이 온통 비어서 너무 쓸쓸하여
어느 한 구석에라도 집을 지어놓고
외로운 사람들 마음 텅 빈 사람들
그 집에 와서 다리 펴고 쉬어가면 좋겠다
때문에 날마다
의미 없이 버려진 언어들을 주워 일으켜
이리저리 아귀를 맞추어 집 짓는 일에 골몰한다
나 같은 사람 마음 텅 비어 쓸쓸한 사람을 위하여
이 세상에 작은 집 한 채 지어놓고 가고 싶어

난이 피던 날

아직 발이 시린
이월 어느 날 아침
수증기 서린 유리창 앞에
푸른 도포 차림의 선비 세 분이
상아로 세공한 부채를 들고
말없이 단아하게 서 계셨다
나는 너무 황망하여
어쩔 줄 모르고
버선발로 뛰어나가 허리 깊이 꺾고
절 하였다
그 청아함에 눈부시어 감히
반가운 악수도 청하지 못한 채

과꽃 1

오늘 아침 아파트 단지 울타리에
진보랏빛 과꽃 서너 송이 피었습니다
"아, 가을이 벌써 여기 와 있구나"

돌아보는데 스무 살에 철도 자살한 일가집 오빠가
절뚝거리던 소아마비 다리를
꼿꼿이 세워 과꽃 밭에서 걸어나오고

펌프물 퐁퐁 푸고 있는
어머니 하얀 행주치마 뒷모습이
마당 끝 과꽃 밭에서 펄럭입니다

진보랏빛 과꽃 몇 송이가
오랜 세월 까맣게 안개 속에 묻혀 있던
진보랏빛 초상화 몇 장
바람에 실어다주는 아침

내 가슴에도 느닷없이 출렁이는
진보랏빛 과꽃 덤불이 쏟아집니다

와르르 무너지는 왼 가슴 한쪽

길을 걷다가

길을 걷다가
잠깐씩 발을 멈추고 뒤돌아본다
잎 떨군 나뭇가지들이
기하학적 선으로 아름다운 문양을 그리고 있는
그 모양이 처음 본 세상처럼 신선하다
묘연한 길 끝 어딘가에
젊은 날 초상화 한 폭 떠오를 것도 같은
나는 다시 걷는다
가다가 다시 돌아본다 돌아보는 일이 조금씩
즐거워진다
돌아볼 틈도 없이 앞만 보고 달리던
무수한 시간의 조각들이 끝도 없이 나르는 길을
오선지에 사분음표 도레미파 파미레도
오르내리는 악보처럼 찍으며 걸어간다
언제까지 이렇게 걸을 수 있을까?
이 길에 머지않아 겨울 깊어지고 얼음 쌓이년
다시 구석진 골방 흰 벽에 갇혀서
공허한 허기를 삭은 등뼈로 버티겠지
오늘 아직은 남은 길에 햇살 따스하니
하루를 천 년처럼 누리며 간다

슬퍼하지 마라 곧 밤이 온다

슬퍼하지 마라 곧 밤이 온다
그러면 창변에 밀감빛 등불 켜지고
미뤄둔 편지 한두 줄 더 적어 넣고
까마득한 시간 저편에서
가물가물 떠오르는 달빛 같은 얼굴도
마나지 않으랴
먼 강물 흐르는 소리 아득히 쫓아가다
고단한 잠에 들면
잠 속에서 그리던 꿈도 꿀 수 있느니
우물같이 깊고 아득한 둥지
따뜻하게 출렁이는 밤이 지나면
다시 새 날의 해도 떠오르리
우리는 아무것도 가진 것 없으면서
많은 것을 가지고 있고
아무 일도 할 수 없으면서
늘 무슨 일인가 하고 있다
주고 잃는 것만큼
어디선가 그만큼씩 채워지고 있는
빌수록 가득 차는 지상의 나날
이제 돌아갈 집도 멀지 않으니
슬퍼하지 마라 곧 밤이 온다

빈 항아리 1

비어있는 항아리를 보면
무엇이든 그 속에 담아 두고 싶어진다
꽃이 아니라도 두루마리 종이든 막대기든

긴 항아리는 긴 모습의
둥근 항아리는 둥근 모습의
모 없이 부드럽고 향기로운
생각 하나씩을 담아두고 싶어진다

바람 불고 가랑잎 지는 가을이 오니
빈 항아리는 비어 있는 속이 더욱 출렁거려
담아 둘 꽃 한 송이 그리다가
스스로 한 묶음의 꽃이 된다

누군가 저처럼 비어서 출렁거리는
이 세상 어둡고 깊은 가슴을 찾아
그 가슴의 심장이 되고 싶어진다

빈 항아리는 비어서 충만한
샘이 된다

빈 항아리 6
— 신발

빈 항아리 속엔
적막으로 울타리 치고 추억으로 문을 단
작은 고가古家 한 채 서 있다
그 집 식구는 그와 그의 그림자 둘뿐인데
삐걱대는 일각문 열면 일고여덟 켤레 신발들이
와르르 쏟아져 나온다

옛날 그 어머니 신으시던 흰 코 고무신
남정네 구두와 검정 고무신
눈길을 걸어온 듯 아직도 소복이 눈을 쓰고 앉아있는 털신도 있다
 뒤축 푹 꺼진 운동화 슬리퍼 칠 팔 구문짜리
아이들의 운동화도 나야 나야 나! 하며 소리치고 있다

어쩌다가 찾아온 친구들은 놀라서
"혼자 사는 집에 무슨 신이 이리 많아
궁상맞고 지저분하다 내다버려라"
사정없이 말한다. 그러나 그는
속으로 웃으며 혼자 대답한다

밖에서 돌아와 문을 열면
저것들이 일어나 반갑다고 손뼉을 친다
신발들은 바로 이 집을 지켜주는 나의 가족인 것을
너는 모르지

그렇다 그는 지나간 시간의 소리를 찾아
뚜벅뚜벅, 사뿐사뿐, 통당거리며
식구들이 달려오는 소리 듣는다
그것은 그만의 존재방식이고
그렇게 켜켜이 쌓여오는 적막을 이겨 간다
가끔 신발에 쌓이는 먼지 한숨으로 털어주며

여기서부터는

여기서부터는 아무도 동행할 수 없다
보던 책 덮어놓고 안경도 전화도
신용카드도 종이 한 장 들고 갈 수 없는
수십 억 광년의 멀고먼 여정
무거운 몸으로는 갈 수 없어
마음 하나 가볍게 몸은 두고 떠나야 한다
천체의 별, 별 중의 가장 작은 별을 향해
나르며 돌아보며 아득히 두고 온
옛집의 감나무 가지 끝에
무시로 맴도는 바람이 되고
눈마다 움트는 이른 봄 새순이 되어
그리운 것들의 가슴 적시고
그 창에 비치는 별이 되기를

홍 윤 숙

연 보

1925년 8월 19일 평안북도 정주군 마산면 신오리 출생.

1928년 경성(서울)으로 이주.

1943년 동덕고등여학교 졸업.

1944년 경성여자사범학교 강습과 수료. 인천 소화동 초등학교 부임 후 신병으로 휴직.

1946년 경성여자사범대학 예과 2년 편입.

1947년 국립서울사범대학 사범대학 교육과 진학. 연극부 초대 회장으로 학생 연극 활동. ≪문예신보≫에 시 「가을」 발표.

1948년 ≪신천지≫에 「낙엽의 노래」 ≪예술평론≫에 「너의 장도에」 등을 발표하며 등단.

1949년 태양신문 문화부 기자.

1950년 6·25 한국전쟁으로 대학 중퇴.

1952년 피란지 부산에서 아동잡지 ≪파랑새≫ 근무.

1958년 희곡 「원정」 조선일보 신춘문예 당선. ≪현대문학≫에 희곡 「무너진 땅」 발표.

1962년 제1시집 『여사麗史시집』(동국문화사) 간행.

1964년 제2시집 『풍차』(신흥출판사) 간행.

1966년 시극 동인회 창립 입회.

1967년 시극「여자의 공원」을 ≪현대문학≫에 발표. 이인석, 신동엽과 함께 아시아 재단의 후원으로 국립극장에서 공연.
국제 PEN 작가 기금으로 시극「에덴 그 후의 도시」를 집필 및 간행.『현대 한국 신작 전집』(을유문화사) 6권에 수록.

1968년 중앙방송국(KBS 전신)에서 단막극 희곡「무너진 땅」방영.
제3시집『장식론』(하서출판사) 간행.

1969년 국제 PEN 프랑스 망똥 대회 참석.

1970년 상명여자사범대학 국어과 출강(~79년까지).

1971년 제4시집『일상의 시계소리』(문원사) 간행.

1972년 제1수필집『자유 그리고 순간의 지상』(서문당) 간행. 일본문화연구 국제회의 정대표로 참가.「일본 전전시前戰時에 나타난 한국관 고찰」발표, 일본 PEN클럽 발행「일본문화연구」에 수록.

1973년 제2회 세계시인대회 대만 대회 참석.

1974년 제5시집『타관의 햇살』(유림문화사) 간행. 제2수필집『하루 한순간』(성바오로출판사) 간행.

1975년 제7회 한국시인협회상 수상. 문화예술진흥원 기금으로 장시「공후인」집필 및『민족문학 대계』6권에 수록 간행. 제2수필집『해 아래 사는 날』(중앙출판공사) 간행.

1978년 제6시집『하지제』(문지사), 제4수필집『모든 시대의 모든 이의 노래』(문지사) 간행.

1980년 제5수필집『해질 녘 한 시간』(샘터사) 간행.

1981년 종교 시선집『사과밭 주인의 집』(성바오로출판사) 간행.

1983년 제7시집『사는 법』(열화당) 간행.

1984년 86년까지 한국여성문학인회 회장.

1985년 제6수필집『나의 아픔이 너의 위안이 된다면』(제3기획) 간행.
대한민국 문화예술상 수상. 시선집『북촌 정거장에서』(고려원) 간행.

1987년 제8시집『태양의 건너 마을』(문학사상사) 간행.

1988년 ~91년까지 한국 가톨릭문학인 대표 역임. 제7수필집『헤매는 자의 밤을 위하여』(둥지사) 간행.

1989년 ~90년까지 한국시인협회 회장 역임. 제9시집『경의선 보통열차』(문학세계사), 시선집『짧은 밤에 긴 시를』(문학아카데미) 간행.

1990년 ~현재 대한민국예술원 회원.

1991년 시선집『방목시대』(미래사) 간행.

1993년 제8수필집『모든 날에 저녁이 오듯이』(열린출판사) 간행.

1994년 대한민국문화훈장 보관장 서훈. 제10시집 『낙법놀이』(세계사) 간행.

1995년 공초 오상순문학상 수상.

1996년 제11시집 『실낙원의 아침』(열린출판사) 간행. 서울시문화상 수상.

1997년 대한민국 예술원상 수상. 일본 국제 PEN클럽 주최 아시아 작가대회 참석, 「한국현대여성문학 동향」 주제논문 발표.

1998년 제12시집 『조선의 꽃』(마을) 간행.

1999년 제9수필집 『지상의 끝에서 돌아보는 지상』(성바오로출판사) 간행.

2000년 제13시집 『마지막 공부』(분도출판사) 간행.

2001년 3·1문화상 예술부문 수상.

2002년 홍윤숙 작품집 『시극, 희곡, 장시』(문학포럼) 간행. 제14 묵상시집 『내 안의 광야』(열린출판사) 간행. 춘강문화상 예술부문 수상.

2004년 제15시집 『지상의 그 집』(시와 시학사) 간행. 시선집 『한국대표시인 101인선집 홍윤숙』(문학사상사) 간행.

2010년 제16시집 『쓸쓸함을 위하여』(문학동네) 간행.

2011년 제10수필집 『어머니 나의 어머니』(바오로 딸) 간행.

2012년 제17시집 『그 새벽』(서정시학) 간행.

〚한국대표명시선100〛을 펴내며

　한국 현대시 100년의 금자탑은 장엄하다. 오랜 역사와 더불어 꽃피워온 얼·말·글의 새벽을 열었고 외세의 침략으로 역경과 수난 속에서도 모국어의 활화산은 더욱 불길을 뿜어 세계문학 속에 한국시의 참모습을 드러내게 되었다.
　이 나라는 글의 나라였고 이 겨레는 시의 겨레였다. 글로 사직을 지키고 시로 살림하며 노래로 산과 물을 감싸왔다. 오늘 높아져 가는 겨레의 위상과 자존의 바탕에도 모국어의 위대한 용암이 들끓고 있음이다.
　이제 우리는 이 땅의 시인들이 척박한 시대를 피땀으로 경작해온 풍성한 시의 수확을 먼 미래의 자손들에게까지 누리고 살 양식으로 공급하는 곳간을 여는 일에 나서야 할 때임을 깨닫고 서두르는 것이다.
　일찍이 만해는 「님의 침묵」으로 빼앗긴 나라를 되찾고 잃어가는 민족정신을 일으켜 세우는 밑거름으로 삼았으며 그 기룸의 뜻은 높은 뫼로 솟아오르고 너른 바다로 뻗어나가고 있다.
　만해가 시를 최초로 활자화한 것은 옥중시 「무궁화를 심고자」(≪개벽≫ 27호 1922.9)였다. 만해사상실천선양회는 그 아흔 돌을 맞아 만해의 시정신을 기리는 일의 하나로 '한국대표명시선100'을 펴내게 된 것이다.
　이로써 시인들은 더욱 붓을 가다듬어 후세에 길이 남을 명편들을 낳는 일에 나서게 될 것이고, 이 겨레는 이 크나큰 모국어의 축복을 길이 가슴에 새겨나갈 것이다.

만해사상실천선양회

한국대표명시선100 | 홍윤숙

장식론

1판1쇄 인쇄 2013년 7월 22일
1판1쇄 발행 2013년 7월 25일

지 은 이 홍윤숙
뽑 은 이 만해사상실천선양회
펴 낸 이 이창섭
펴 낸 곳 시인생각
등록번호 제2012-000007호(2012.7.6)
주   소 경기도 양평군 옥천면 고읍로 164
          ㉾476-832
전   화 (031)955-4961
팩   스 (031)955-4960
홈 페 이 지 http://www.dhmunhak.com
이 메 일 lkb4000@hanmail.net

값 6,000원

ⓒ 홍윤숙, 2013

ISBN 978-89-98047-78-8 03810

* 이 책의 저작권은 저자와 시인생각에 있습니다.
* 잘못된 책은 책을 구입하신 서점에서 교환하여 드립니다.

※ 이 책은 만해사상실천선양회의 지원으로 간행되었습니다.